薔薇色の鳥の本

文　石井ゆかり

絵　梶野沙羅

大好評をいただきましたビブリオマンシー本「青い鳥の本」の第二弾として、この「薔薇色の鳥の本」刊行が叶いました。「青い鳥の本」をご愛読下さった皆様、本当にありがとうございます！

ぱっと開いたページに、今の自分とむすびつく言葉を見つける「ビブリオマンシー」は、聖書や小説などあらゆる本で手軽に試せる、古くからある占いです。風向きを確かめるために風船を飛ばしてみるように、ぱたんと開いたページとの偶然の出会いによって、「今の時間の流れ」を読み取ろうとするものです。
気楽な遊びのような占いですが、自分ひとりの心の中でぐるぐる巡る堂々巡りに陥ったとき、「偶然」が、人の心に新しい光を当ててくれることもあるのだろうと思います。

前作と違い、この「薔薇色の鳥の本」は主に「人間関係・恋愛」を意識して作られています。直截に「恋は…」という表現から始まるページもたくさんあります。
人生では思い悩む場面がたくさんありますが、特に、飲み込まれるような激しい感情と、決して思いのままにはならない他人の気持ちに直面しなければならない恋愛の場では、占いは大活躍します。恋人の気持ちがわからないとき、思いを伝えようかと悩んでいるとき、なかなか連絡が来ないとき、相手との距離が縮まらないとき、嫉妬に苦しむとき、失恋したとき…。様々な局面で、恋する人は大昔から、密かに占いに耳を傾けてきました。
また、恋に限らず、自分以外の「他者」と関わる時、人の心は光と闇の両方に出会い、密かにふるえおののきます。そんなときにも、「占い」は秘密の味方になってくれます。
恋愛と、人間関係。この２つは、幼稚園児から老人まで、あらゆる世代に共通の、重大な関心事です。

だれかとの関係に胸を痛めながら過ごす、ひとりの時間に、この本が皆様のささやかな「聴き手」としての役割を果たせたなら、これ以上嬉しいことはありません。

もちろん、「ビブリオマンシー」としてではなく、前作同様ミニエッセイとして最初から１頁ずつ、お読みいただくこともできます。

さらに、今回はちょっとした「おまけ」の機能もつけてみました。本書の最後のページに、その使い方が記載されています、こちらも、お楽しみいただけましたら幸いです！

石井ゆかり

多くの優しさは、みすごされています。
誰かが丁寧に心をくだいてくれたことも
うわのそらで「流して」しまうことが、
けっこうあります。

「この人になら話せる」
と思えなければ、伝える気にはなれません。

「この人になら」という感覚は
相手の人間的な高さや知性もさることながら
「どこか、自分と似ている」
という感覚とつながっているのではないでしょうか。
何か重要な部分が自分と似ている、と思えたとき
この人になら話せるかもしれない
この人にこそ是非、伝えてみたい
という気持ちになるのでしょう。

人間は「こうだったらいいな！」とか
「こうなったらいやだな！」などと強く思うと
その想像を否定するような兆候に
気づかずにいられる生き物です。
想像に反することは、
ギリギリまで気づかずにいられたりするのです。

でも、想像に反することが
いちがいに「望ましくないこと」だとは言えません。
たとえば
「こうだったらいいな！」とは違う結果だったとしても
その結果が必ずその人を悲しませるとは限りません。
期待を上回る、素晴らしい奇跡
というのだって、あるわけです。
強すぎる期待や悲観は、
そうした可能性をつぶしてしまうことがあります。

会いたい人に会う

この「会いたい」は、

一般に言う「ニーズ」と少し似ています。

会いたいな！と思って会う、ということもありますが

その人に会うまで、

会いたかったのだということに気づかない

ということもあるわけです。

顔を見て声を聴いてそこではじめて

ああ、私はずっと、この人に会いたかったんだなあ

と感じることも、あるんだと思うのです。

ねぎらう、も、いたわる、も、
同じ「労う」「労る」と書きます。
あたりまえのようにそばにあって
自分に力を分けてくれる存在を
ねぎらったりいたわったりすることは
とても大切なことだと思います。

一瞬の親切よりも
ずっと継続してもらっている親切のほうが
ほんとうは、深い威力を持っているのに
一瞬の親切のほうがとにかく「目立つ」ため
そっちにばかり、
感謝してしまいがちです。
継続される親切に対しては何らかの節目をとらえて、
労う気持ちを表明するしかありません。

とても喉が渇いた人には、
水が必要です。
寒さに凍える人には
火が必要です。
でも、水を普段からゆたかに使っている人や
毎日かんかんに暑い場所に住む人にとって
そうした「ニーズ」の切実さは
あまりよくわからなかったりします。

「私は宝物なんか何も持ってないよ」
と思ったとしても
それは、生まれながらに湖畔に住む人が
喉をからからに渇かした旅人に対して
言っているのだとすれば
まったく的はずれです。

自分からそれを送り出しているようでも
本当は、磁力のような見えない力が
貴方の発信を「引き出して」いるのかもしれません。
ある人が受動的に待ち望む力と
別の人が能動的に動き出す力は
目に見えないかたちで
呼び合っていることが多いのです。
妖精が耳に聞こえない歌で人を導くように
貴方の「自発」も
誰かの音にならない声に、
誘い出されているのかもしれません。

人と人との間には

目に見えない、実に様々な隔たりが存在するものです。

こんなに仲がいいのに、

なんで自由に話ができないんだろう？

という、不思議な状況もしばしば生まれます。

地図の上で見る直線距離と、

実際に交通手段を使って移動するときの距離感覚とは

大きく違っていたりします。

人と人との間にも、そんな距離のギャップが

あるんじゃないかと思うのです。

あたたかい場所、心地良い部屋。
そうした空間は人の心と物とで作られていて、
たしかに誰かの手になるものです。

「感謝が大切」「ありがとうという心」
などと、ちまたではさかんに啓蒙されますが、
たぶんそれよりもずっと手前で
「まず、それを感じとったり、味わったりする」
ということが、大事なんじゃないかと思います。

人は、「感謝されたい」という気持ちも、
もちろん、持っていると思うのですが
それよりもずっと手前で「わかってほしい」という、
決して口には出さないけれども、
悲しいほどに切実な祈りを
胸の中に隠しているものだと思うのです。

「思ったようにやってみる」

というのが、いちばんイイ方針だろうと思います。

ただ思っているだけでなく、

そういうふうに「やってみる」ことが肝心です。

やってみて、ダメだったとしても

できればあと１，２回くらいは

試してみるといいかもしれません。

ちょっとずつ動かしているうちに、

からくり箱の思いがけないフタが

ずるっとすべるように開くかもしれません。

高いところに大きな提灯を結びつけて、
それに火を灯すと、

多くの人が「なんだろう？」とふり向きます。
そして、そこでなにかが始まる事を知り、
それぞれの好奇心や意欲にそって、動き始めます。

みんなが何かを望んでいるとわかっていても、
そうした大きなかがり火のようなものがなければ
なんとなく、物事が動き出さない場合があります。
じわじわと条件はそろいつつあるけれども、
最後のゴーサインを、誰がいつ出すのか、
わからないのです。

そんな流れの中で、貴方が不意に脚立にのぼり、
美しく大きな提灯をかかげて火を灯したとき
同じ光が胸の中にある、ということに
貴方の周りにいる多くの人が気づくのです。

人生が変わる

というと、とてもドラマティックです。

でも、変化のきっかけや、変化を起こすための行動は

そんなにカッコイイものではなく

むしろ、陳腐だったり泥臭かったりすることも

多いと思います。

人から「バカみたい！」と

笑われるようなことであっても

３年後にはその事が原因で

うらやましがられるようになっていた

ということだって珍しくありません。

分度器の上で見る小さな30度が、

地面の傾斜にしてみると

ほとんど立っていられないように感じられるのと

似ています。

好きな人に貸してもらった本が
とても難解だった
という場合、どうするでしょうか。
ムリして必死になって読む人もいれば、
諦めて適当にお茶を濁す人もいると思います。

仕事や試験などでは、「できなければあきらめる」
という選択肢も選びやすいものです。
でも、恋愛や人間関係の場では
「できなければあきらめる」よりも
「できないなりにある程度まで粘ってみる」ほうが
選択肢としては、優れているような気がします。

なぜなら、その本に書いてあることは
相手の心の欠片だからです。

自分と、他者や外界のものとのあいだには

いくつもの、切っても切れない「結び目」があります。

この結び目は、

最初は紐を結び合わせるように結んだだけのもので

すぐほどくこともできたのですが

長い時間をかけて使っているうちに

いつか一体化してしまい、

ほどこうとしてもほどけなくなっています。

ケンカばかりしても別れない夫婦とか、

なんだかんだ言っても辞めない会社とか、

あちこち欠けてるけど捨てないカップとか、

使い勝手が悪いけど使ってる家具とか、

誰にでもそういう存在があると思います。

こういうものを称して「かけがえがない」と言います。

過去に問題が起こった相手と再会する場合、

「相手が変わっていてくれるかな」

と、相手の変化を期待してしまうことが

多いように思います。

ですが本当に大事なのは

「自分自身がどう変わったか」の方だと思うのです。

自分自身が変わっていれば

相手の姿はまちがいなく、

以前とはちがってみえます。

ごく幼く見えるか、

成長のあとがよみとれるか、

以前気づかなかったことが見えてくるか、です。

材料を集めている段階で
ひとつひとつの材料の意味や価値を
決めてしまうことはできません。
茄子を生で食べても、
たぶんもっともっと食べたいとは思えないでしょうし
キャベツやキュウリも、
できればちょっと塩か味噌がほしいな、
という気持ちになります。
ものによっては苦かったり渋かったり辛かったり、
単体ではお話にならない味のものもたくさんあります。

そうした、ひとつひとつの材料のとしての段階で
「これは良い」「これはダメ」と判断してしまうのは

あきらかにまちがっていますし、勿体ないのです。

人も、ものも、
すぐにはその意味がわからないもの、
というのがあると思います。
更に言えば、誰かから見れば不要なものでも、
他の人に言わせれば
決してそうではない場合もあります。
組み合わせたり、時間と手間をかけたり、
他の角度から見たり、
ときには誰かに手渡したりすることで
大いに意味を持つギフト、
というのもあるのです。

「知らない」ということは人を不安にさせるので
多くの人が「知らない」を
早く「知っている」に変えるために、
肩書きや経歴で相手を「知った」ことにしてしまいます。
そして、「知った」瞬間に安心して
もうそれ以上知りたいとは思わなくなってしまいます。
これは、本当の意味では、
「出会って」はいないのだろう、と思います。

ものを正面から見ることも大事ですが

ちょっと斜めから、

あるいは後ろから見てみることも大事です。

顔からは解らなかったその人の思いが

背中に現れている、というようなことも

あるんだろうと思います。

強い疑問やパッションを
誰かに投げつけてみたくなることがあります。
それは実際「投げつける」というような
とがった激しさをともなっていて
相手がそれにどう反応するのか、なんて
事前に予想したりしません。
目をつぶって「えいや！」と投げかけてみて
そこで、何が起こるか見てみたい！
というような
挑戦的な衝動です。

たぶん、そんなことをしてでもチャネルを開きたいのは
なにか生なものに手を触れたいから、
なのではないかと思います。
取り澄ました表情の向こうにある何かを見たいばかりに
ちょっと強すぎるセンセーションを
巻き起こしてしまいたくなるのです。
これは少々危険な試みですから、
決してお勧めしているわけではないのですが、
もし「おもわず」やってしまったとしたら、
運がよければ、目論見通り
相手の意外な表情に接することが
できるのかもしれません。

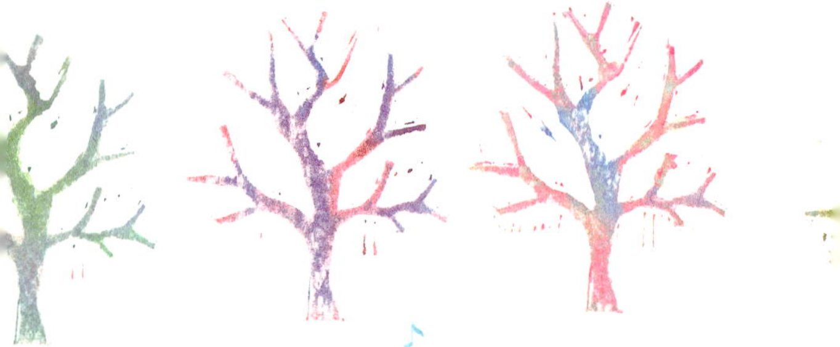

誰かに何かしてあげたくても
実際には、なにもできないことがほとんどです。
だれもが、自分の大切な人の役に立ちたいと思いますが
絶望的な無力感を抱えて
立ちすくむことしかできない場合のほうが
多いのではないかと思います。

そんなふうになにもできないはずなのに
その限界を、
不思議なやり方で超えてしまえる瞬間があります。
そんな瞬間は
虹が立つ時の感じに、ちょっと似ています。

虹は探しても見つかりませんが
思いがけない瞬間にふと、そこに立ち現れます。
探しても見つからないからって
存在しないわけでは、ないのです。

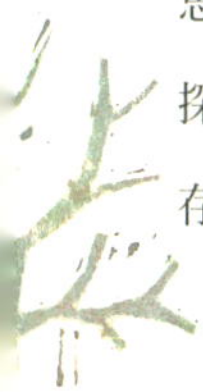

「北風と太陽」のお話には
ひとつ、ちいさなポイントがあります。
それは、太陽が「夏のように熱く輝く」必要がある、
ということです。
ちょっとしたぽかぽか陽気では、
旅人はすぐには、
マントを脱いではくれないのです。

命は自分の命を「保とうとする」もののようです。
だから、痛覚が存在します。
痛覚を感じなくなる、という病気があるそうですが
非常に危険な病気です。
自分の現状を保とうとするしくみが、
ケガや病気などを、痛みによって知らせてくるのです。
変化が起こったよ、と知らせてくれるのです。
成長痛、というものさえあります。

恋という字は変という字ととてもよく似ていて、
恋もやっぱり、切なくて痛いのは同じで、
それは、恋ということそれ自体が
その人が変化しようとして起こる現象だから、
なのだろうと思います。

赤ちゃんが、いないないばあ！に驚くのは

「みえなくなる」イコール

「ホントになくなった」と解釈するからです。

大人は、ちょっと隠されたって、

その向こうにはちゃんと

その人がいるってわかっているので

いないないばあ

には、騙されません。

でも。

こと恋愛において、

あるいは、何か心配なこと、大事なことにおいては

この「いないないばあ」に引っかかる人が

とても多いようです。

今まで邪魔者として位置づけていたものが
実は味方だったことがわかる、
というようなケースがあります。
あるいは、
障害物だと思っていたものが
実は、大きな桃やリンゴで、
それを食べることにした！
というようなケースもあります。

それらは、
打ち消されるためではなく
自分のものになるために
出現してくれていたのです。

「桜切る馬鹿、梅切らぬ馬鹿」
という言葉があります。
ある種の樹木は、外見を整えるという意味ではなく
花や実をつける力を維持するために
剪定を必要とします。

誰かを大切にするということは
「真綿にくるんでそっとしておく」
ということではありません。
相手を理解したり、ツッコミを入れたり、
相手から本音を言ってもらったり、と
切った張ったが発生し、それを引き受けていくのが
「大切にする」ということなんだと思います。
大切だから枝を切るなんてできない
というのは
優しさのようで、実はそうではない、
という場合もあります。

会いたい人の方から

声をかけてくれる可能性もありますし、

待っていてもしかたないから

自分から会いに行こう！

という人もいると思います。

どちらからいこうが、大した違いはないのです。

会ってしまえばそこには

お互いの共有できる時空があるだけです。

人はひとりでは生きていけませんし
「借りは全て返す」というのも、不可能です。
思うに、だれもがみんな
債務超過のかたちで生きているのではないでしょうか。
それはたぶん、そのほうがいいはずです。
なぜなら、借りが多いということはそれだけ
自分が誰かを必要としたということで
つまり
愛した、ということになるからです。

道が２つあって

どちらも選ぶ気になれないとしたら

どうするでしょうか。

どちらも選ばない

どちらかを選ぶ

どちらも選んでしまう

あるいは他にも選択肢があるかもしれません。

真の選択肢は、

見えているいくつかの答えのどれか、ではなく

上記のような、

「選び方のパターン」

みたいなものなのかもしれません。

一見、白か黒か、とか、

三択みたいな設問が据えられているようで

実は、そこに「メタ・クエスチョン」が

存在しているわけです。

多くの問題は、常にそんなところがあります。

AとBのどっちかを選ばなければならないようで、

実は、

そんなことは大した問題ではなかったりするのです。

下ばかり見て歩いていたら、虹は見つからない
と言ったのは
たしか、チャップリンだったような気がします。

虹を見たってなんにもならんよ
と思えるのは
虹を見ていない状態のときです。

虹を見たとき、

虹を見ることに意味があるということは

誰にだってわかります。

でも、虹を見ていないとき

人はあまりにも虹を軽んじています。

だから、気がつけば

下を向いて歩いているのかもしれません。

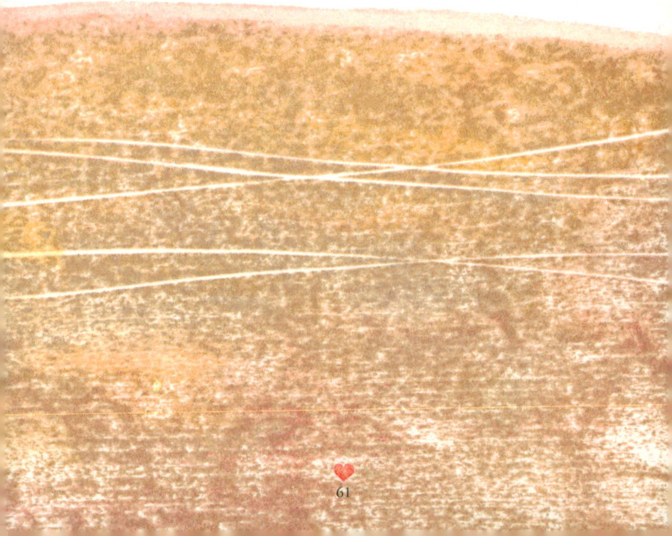

「さびしい」と「悲しい」は
ちょっと違います。

「さびしい」は、
なにかいとしいものを待っていて
扉が開かれていて
イノセントで、
未来を信じる心が保たれています。

「悲しい」は、
それが行き止まりで、もう何を期待することもなくて
ひとりだけの、閉じた感情です。

だから
さびしがれる人、というのは
たぶん、強くて、他者に対して肯定的で、
希望を抱いていて、オープンなのです。
あかるくて、純真で、
雨上がりの水たまりのように、光って見えます。

たしかに自分自身の心なのに、
自分の意識や意志とは関係なく、
勝手に動いてしまいます。

ですが、自分の心を探ったり
対話しようとしたりすることには
大きな意味があります。

でも、
話してすぐに説得できるようなものではないこともまた、
たしかです。

話しかけ続けてもぜんぜんわかってくれなかったのに、
ある日、ふとした小さなきっかけで、
がらん！と変わってくれたりします。
それは、ずっと語りかけつづけたからこそ
起った変化です。

「がんばってね」という言葉が
「今のままじゃだめだよ、もっと努力しなきゃだめだよ」
という意味で伝わってしまうと
「これ以上、どう頑張ればいいんだ」
という怒りや苦しみが生まれます。

でも
おなじ「がんばってね」という言葉に
「これまであなたがやってきたことや
　いまあなたがやっていることを
　私は、素晴らしいと思うし、好きだ」
という意味をこめられたら
これほど力になる励ましもないだろうと思います。

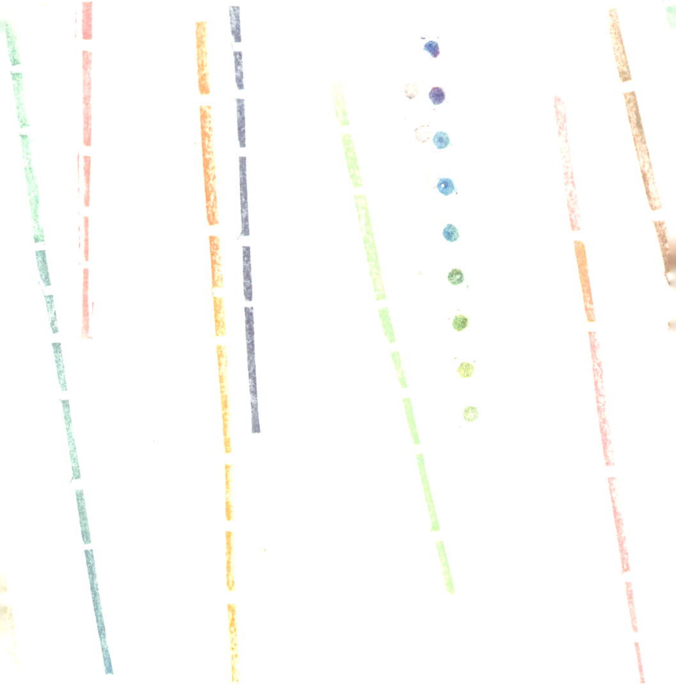

「眠れる森の美女」でも
「美女と野獣」でも、
魔法が解けたときにこそ
すばらしいことが起こるのです。

ですが、
魔法がなければ、
魔法が解けたときの奇跡も起こりません。

多分「価値」とは

人間の活動がものに吹きこむ命のようなものなのです。

「もの自体」には、最初、何の意味もありません。

人間がそれらのものに、

まるで、戴冠させるかのように、「価値」を授けます。

人間がものに与えた価値が

人間に影響を及ぼし返してくる、というのは

実におもしろいことです。

おそらく、価値あるものたちは

人間の人生を活性化させるための

「溶媒」のような役割を果たしているのかもしれません。

向こうからふさがっていると思えるその扉は
実は、こちらから閉まっています。
扉を閉めたのは向こうでも、
鍵をかけたのはこっちだったのです。

世界はときどき、
一緒になってあちこちから同じことを言ってきます。
うるさいなあ！
と思っても、それが耳について仕方がないとき
人は重い腰を上げます。

「今まで何度も恋はしたけれど、
こんな気持ちになったのは初めてなんだ」
そんなセリフが古今の物語に頻出します。

何度目の恋でも、たぶんそんな
「初めての気持ち」が
かすかに、胸に生まれています。
何度恋をしても
そんな「初めての気持ち」を見つけて
そこに深く感動する力を持っている人は
「全ての恋が、初恋です」
と言ったりするんだろうな、と思います。

迷路のほうに、迷路のほうにと向かうほど
なんだか迷路を抜けられそうな気がしてくるのです。
逆に、出口を探そう、出口を探そうとすると
抜けられそうもない感じがしてきます。

ジャーナリストや芸術家が旅をするとき

危険な場所に遭遇したら

そこから早く逃げて安全を確保しようとするよりも先に

「人が来られないところに来た」

という宝物のような気分を

先に感じるのではないかと思います。

物事はそんなふうに

渦の中に飛び込んでしまうと、

違う意味を持つことがあります。

なにか意外な出来事が起こったり、
いつもとは違うシチュエーションに置かれたりすると
人は、いつもは見せない顔を見せてくれます。
さらに、自分自身の他者への価値観が変化すると、
知っているはずの相手が、
全く新鮮な姿で見えてくることもあります。

無目的に、無意味にやっていることが
人にとってどんなに大切か、は
遊園地や夏の海やプールに行ってみると
すぐにわかります。
何の意味もないのです、
でも、そこには、偉大な意味があります。

ネコが寝ていたり
花が咲いていたりするだけで
なんとも「いい」感じがすることを
いったい、どう捉えればいいのでしょうか。

何の役に立つかとか、どんな刺激が味わえるかとか
「その先」を探しまくっているときには
目の前にあるなんとも「いい」感じのことに
気づくことはありません。
愛もそういうときには、
どこにも見つからないような気がします。

誰かをまもることと
誰かにまもられることは
表裏一体です。

誰かをまもろうとしているとき
その人はとても強力な状態にありますから
容易に倒すことができません。

誰かにまもられているときは
自分をまもってくれる相手は
自分のために「強くなって」いるわけですから
まもられつつまもっている
と言えなくもないわけです。

自分で選んだ材料で料理を作るなら簡単ですが
人から託されたものを料理しようとすると、
なかなか大変です。
でも、
自分では決して選ばないようなものが
含まれているからこそ
これまでの自分を超えるきっかけが得られる、
ということもあると思います。

花束は食べられませんし
言葉も書いてありません。
でも、大きな花束をくれた人が
そのことによって貴方に何をしたかったのか
それは、容易に想像できます。
要するに
何らかの意味で好意を伝えたかったわけなのです。

ハートの絵文字だけがぽつっと描かれた
携帯メールを受信しても
その「意味」はなんとなくわかります。

言葉は、意味によって

伝えたいことを切り刻んでしまうので

大切で微妙な感情が、

こぼれおちてしまうのです。

花束やハートマークを使うのは、

言葉にするのが照れくさいからではなくて

そのほうがずっと「正確」だからなのかもしれません。

愛情は、どんなかたちをしているでしょうか。
だれも、それを目で見ることはできません。
人の行動とか言葉とか、表情などから
わずかに、おしはかることができるだけです。
そこにも、演技や誤解はつきまとい
これこそがほんものの愛情だ、なんて
なかなか、断定することができません。

これもちがう、あれもちがうかも、と
心の中で妄想や誤解とおぼしきものを
真っ黒に塗りつぶし
世界中が愛でないもので溢れている、と断定してみると
その世界は、どうしても
「完全に真っ黒」にはなりようがないことに気づきます。

どんなに疑いのクレヨンで塗りつぶしても、
どうにも塗りつぶれない、ちいさなちいさな光。
愛って、そんなものではないかと思います。

人間に「成長期」があるように、

人間関係にも「成長期」があります。

ある一時期、めいっぱい関わって育てた関係は

そのあと、長い間会えなくても

ずっと続いていったりするものです。

涙を拭いてもらったり、

傷を手当てしてもらったり、

空腹の時に食べものをもらったりすると

そこに言葉が一切無くても

気持ちがほぐれる感じがします。

「大丈夫ですか？」と聞かれて

「大丈夫です」としか出てこなかったのに

そうした物理的なケアが進んで行くうち

自分でも気づかなかった自分の気持ちが

ぽろりと姿を現すことがあります。

「やりたいことはなんですか」と聞かれて

すぐに答えられる人もいれば

「そんなのわからない」と思う人もいると思います。

おそらく「やりたいこと」など、

なかなかわからないのが普通なのかもしれません。

「まずやりたいことをみつけなさい」等といわれますが

その「やりたいこと」を見つけるには

たいしてやりたくもないことを、

無理矢理、やらなければならなかったりします。

やりたくないことを山ほどやり尽くして、

どれもこれもやりたくないということが

確かにわかったあとでやっと

「これならやりたい」と思えることに出会えたりします。

もし本当に理性的で冷静であれば、

恥ずかしくもなんともないのです。

なのにそれを

「恥ずかしいことだ」

なんて思ってしまったがゆえに、

トイレの大きい方を我慢して

お腹を痛くしてしまう小学生みたいに

おかしな悩みを抱え込んでしまうことがあります。

何かを選ぶということは

他の選択肢を選ばない、ということです。

この「切り離す」ことが惜しくて

選び取ることをためらってしまうことがあります。

どれを選ぶか、に迷っているようでいて

本当は

どれを選ばないか、こそが

決められないのかもしれません。

受験や就職など、いくつかの選択の場では

「保険をかける」とか

「つぶしがきくようにする」ことが

ある程度は、可能です。

でも、人間関係や恋愛においては

本質的に、それは不可能です。

悩みや迷いというものは

それを積み重ね続けていくと、ある「臨界点」に達します。

迷い続けていると、

「永久にこの迷いから抜け出せないのでは」

という恐れを感じることもありますが、

実際には、本当に徹底的に迷ったならば

時間の中で積み重なっていった迷いの「量」が

その人を迷いから解放してくれることがあります。

自分の身体なのに、

自分では触りにくいところがあります。

マッサージに行くと、いつも

自分の身体なのに、

肩ひとつこういうふうにはもめないなあ

と思います。

肝臓がどこにあるとか、腸がどんな形をしているとか

他人に絵に描いてもらったり

レントゲンを撮ったりしなければわかりません。

生活や人生にもそんなところがあります、

「自分のものなのに自分では触れないところ」

というのがあるんだろうと思います。

何年も何年も、

「どうも、自分のものなのに触れずに来た部分」に

誰かがひゅっと、

あたたかい手で触ってくれることがあります。

針に糸を通すとき

何度かトライして、何度目かに、

すっ

と、入ります。

何度目に入るかは、わかりません。

一度はあきらめてしまったけれども、

時間をおいて、気を取り直してもう一度やってみたら

今度は

すっ

と糸が入ってくれて、

やっと、時間を縫い合わせられる、

ということもあります。

しばしば私は書くのですが
猫には猫の、犬には犬の接し方があります。

犬ににゃんと鳴けと言ったり
猫にワンワン吠えて欲しいとお願いしたり
そんなことをしている人がいたらだれでも
「それはムリだよ」「ばかげたことだよ」と言うでしょう。
でも、人に対してこれとそっくりなことをしている人が
結構いるような気がするのです。

十人十色千差万別、とアタマでは解っていても
「誰でもこれくらいできるはず」という前提で
犬に喉をごろごろ鳴らせと要求しているのと同じことを
必死に相手に要求してしまうことがあります。
この要求によって、要求している方もされている方も、
辛い気持ちになります。

恋愛や人間関係の悩みの幾分かは
そんなことでできているように思えます。

電話をかけたら留守電、となると、

ちょっとしゅんとしてしまいます。

でも、そこにうまれる

「掛け直してもらうまでのタイムラグ」に

熟成期間のような妙味があったりします。

少し作戦を練り直したり

話題を整理したりすることができます。

あるいは、自分の心との対話によって

相手に求めていた答えが、

本当は自分で出すしかなかった、ということに

気づいたりする場合もあります。

果実も熟さなければ甘くなりませんが

ちょっとしたタイムラグが

コミュニケーションを「食べ頃」にしてくれることも

あるのです。

人生は辛いこともあれば、苦しいときもある、と

わかっていても、人間はどうしても

あれが苦しい、これが辛い、何もかもうまくいかない

みんなと比べてあれが足りない、これが足りない、

誰も自分の気持ちをわかってくれない、

誰かに救ってほしい、助けてほしい、

何か辛いことが未来に起こったらどうしよう、

失敗したらどうしよう、

奪われ傷つけられたらどうしよう、

誰かに愛されたい、大事にされたい、護られたい、

と

つねに、

砂漠で渇きにふるえる人のように

外側にある奇跡を探して右往左往しています。

苦しみがひとつもないときなどけっしてなく、
幸せなときには「幸せなのが怖い」とまで言い、
たぶん、人間は、
本当の意味では
幸せになんかなれないのかもしれません。

そんなふうに言ってみたら
きっと、だれかが
「そんなことないよ」って言うと思います。
なぜ、「そんなことないよ」って
言いたくなるのか不思議です。
でもそれを聞いたら誰かがきっと
「そんなことないよ」って言うのです。

「希望」とは、そういうものじゃないかと思います。

宇宙には「星の生まれる場所」というのがあるそうです。
星の素材であるガスが集まって
そこに、新しい星が青白く輝き始めます。

この、星の素材となるガスは、
かつて起こった「超新星爆発」、つまり
星の死から生まれます。
ひとつの星が爆発して、
その爆発で吹き飛ばされたガスが
いつか、新しい星に生まれ変わることになるわけです。

宇宙にうかぶガスの雲の近くで超新星爆発が起こり、
その衝撃がひきがねとなって
ガス雲が星に変わり始めることもあるのだそうです。

電車の中で携帯電話で話すのは
マナー違反ということになっています。
誰かが電車内で通話していて、
それを隣の人が注意したとき
「すみません、病院にいるはずの父からだったので、
すぐに出てしまいました。
ずっと生死のあいだをさまよっていた母が
意識を取り戻して、どうやら回復に向かうようだという、
その連絡で、よかったです」
と、涙ぐむ笑顔で返されたら、
注意した人は、少し後悔するかもしれません。
ゴミのポイ捨てはもちろん、よくありませんが
具合が悪くて倒れそうになっているとき
飲んだ薬の袋を思わず取り落とすのは
これは、誰にも責められないだろうと思います。

「他人に優しく、自分に厳しい」人というのは
おそらく、こういう可能性をふと、
想像できてしまう人なのかもしれません。

未来のために、

「今現在の行動を変えよう」とすることは

素晴らしいことですが

そのためには一度

「過去」ととっくり、

話し合わなければならないこともあります。

人と接するときは

たぶん、ある種の小さな勇気を

必要としているのだと思います。

この「勇気」は、

冷たくされるかもしれない可能性を引き受ける、

いわばリスクを負う気持ちと、

相手がきっと、快く受け止めてくれるだろう、

と信じる気持ちの

2つからなっています。

「いいことですか？わるいことですか？」
とよく訊かれますが、
現実に起こる出来事はそんな単色ではありません。

たとえば、
大好きな人から愛を告白されたとしても、
嬉しさの一方で、
相手は自分を買いかぶってるんじゃないかとか、
同じ相手を好きな友達がどう思うだろうとか、
飽きられたらどうしようとか、
自分はちゃんと「つきあい」ができるのだろうかとか、
様々な不安や悲しみや痛みも湧いてくるわけです。
これが果たして「いいこと」だの

「わるいこと」だのと分類できるのか、
私にはわからないのです。

たぶん、起こった出来事そのものには
「いい」も「わるい」も、
色はついていないのです。
この愛の告白から、素敵な恋愛ができるのか、
それとも、
自分や誰かを傷つけて後悔するようなことになるのか、
これは、自分との戦いです。
戦って小さな勝ち負けを少しずつ重ねていくうちに
自然と、その出来事に
美しい色合いが備わっていくのだと思います。

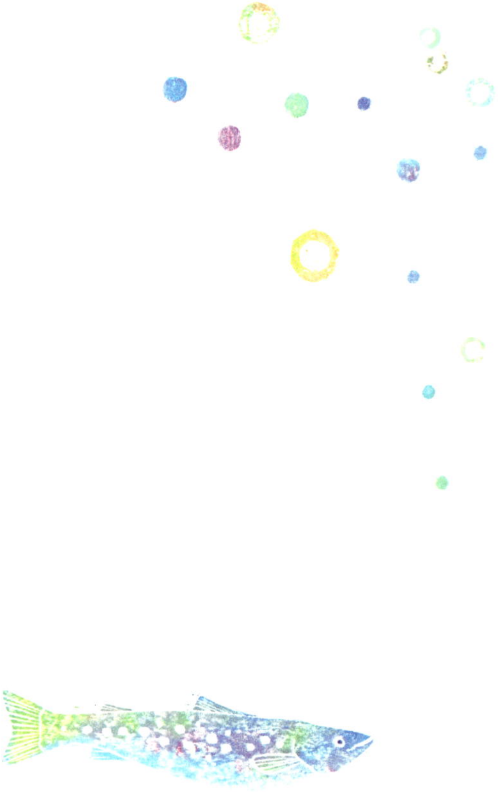

なんでもそうですが
やってみないと、手加減はわかりません。
初めてやってみてうまくいかないのは、
当たり前だと思います。
自己主張でも、愛の告白でも、命令でも、おねだりでも、
叱咤激励でも、愛のムチでも、発破をかけるのでも、
なんでもそうですが
およそだれかに対して自分の熱情を投げかけるのは
やってみないとできるようにならないのです。

できるようになってからやろう
と考えてしまう人もいますが
その人はたぶん、
一生それをせずに済ませてしまうのかもしれません。

「えんどうまめのお姫様」というお話があります。

あるお姫様が、本当のお姫様かどうかを調べるために

姑であるお后は

彼女が眠るベッドにひとつぶの豆を置き、

その上に何重にもお布団を重ねて、お姫様を寝かせます。

すると翌朝、お姫様は

「身体が痛くてちっとも眠れません」とこぼすのです。

本当のお姫様は、それほどにも

感受性の鋭いものなのだ、というお話です。

おとぎばなしだけに、荒唐無稽ですが、
「本当のお姫様」かどうかの判断基準が
「感覚の敏感さ」であった、というのは
いかにもおもしろいと思います。
「何ができるか」ではなく「何を感じとれるか」こそが
この物語では、大切にされているわけです。

人を愛するときに重要なのは、
ものごとを感じとる力なのだ、と
このお話は、教えてくれているようです。

多くの恋愛物語に描かれる感動のシーンには

どこか、常識では捉えられない、

コミカルなところがあったり、異様さがあったりします。

思いが強いぶん、

形が「ふつうの型」を逸脱してしまうわけです。

体裁や形式などに構っていられない切迫感を通して

私たちは

「ああ、その気持ちは本物以上に本物なのだ」

と納得します。

好きな人との話は、

単なる情報交換ではありません。

それについてどう感じたか、とか

何が面白かったか、とか

そんなところに

相手の人間としての味みたいなものがにじみ出ていて

それこそが「おもしろい」のだろうと思います。

エンドウ豆がサヤからぷちっとはじけ飛ぶように、
心の奥にあるものがぱちっとはじけて
勢いよく誰かの心の奥に
飛び込んでしまうことがあります。

そのことにお互いが気づくこともあれば
その豆が芽を出してツルを外に伸ばし始めるまで
まったく気がつかないでいる場合もあります。

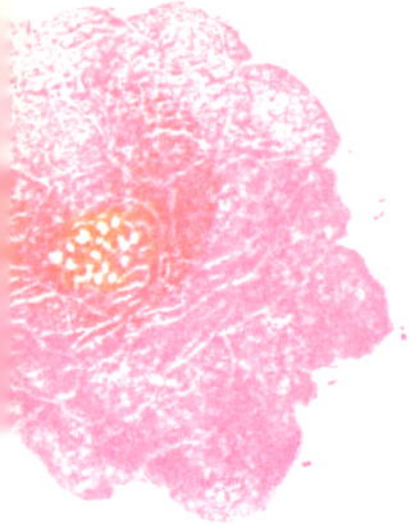

マタタビがどんなにかぐわしくても

人間の心には響きません。

でも、猫の胸にはマタタビと噛み合うソケットがあって

陶酔し、耽溺することができます。

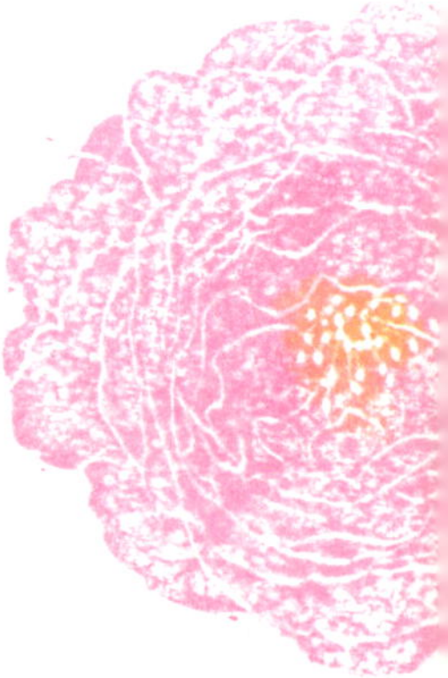

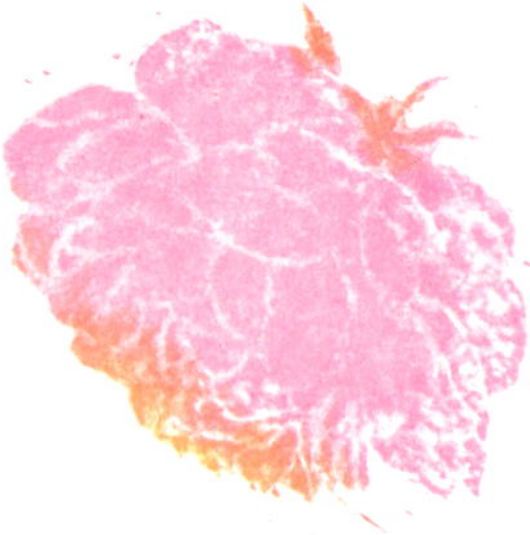

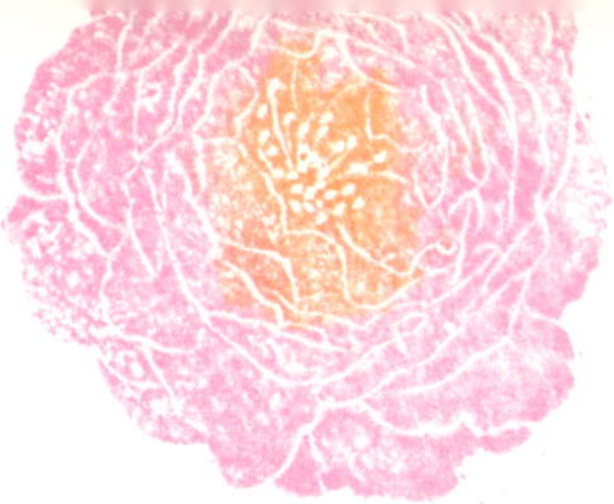

恋をすると、

「相手が自分を惹きつけたのだ」と感じますが

実際は、猫とマタタビの関係のように

自分の中に、

プラグかソケットの一端が存在しているわけです。

人は、欲しくないものを欲しがることがあります。

そういうときは、他に理由があります。

誰かに負けたくないという理由だけで、

ウソをついたり裏切ったり、

誰でもいいから結婚したりすることもあります。

欲しくないものを欲しがって、

うっかり手にしてしまったとき、

あとで全く別の大問題を背負い込むことになります。

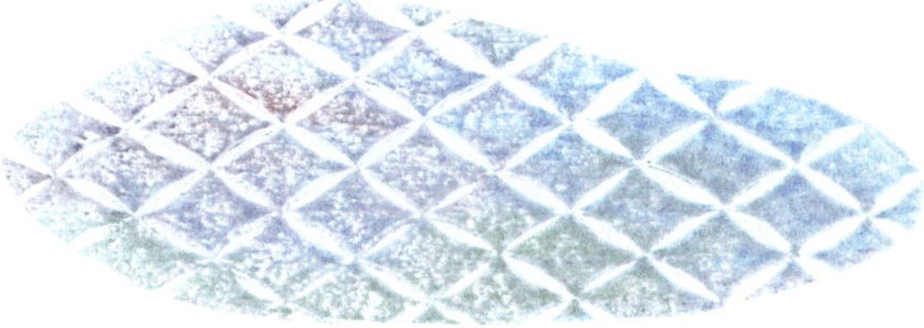

人間は、怖ければ、目を閉じます。
恋をすると、誰でも不安になり、
拒否されることが怖くて、目をつぶります。

そうすると
相手を見ることはもう、できません。

でも、愛するときは
人は相手を見なければなりません。

飛行機を使って

移動することができるようになったのに、

地面を這う交通手段しか見えていなければ、

旅程を考える上ではなんとなく、もやもやします。

もっと早く行けるはずという気がするのに、

どう路線を見ても、そうはならないのです。

金額が高すぎるとか、落ちるかもしれないから怖いとか

最初から「これはナシだ」と

決めてかかっているその前提を、

いちど、思いっきり吹っ飛ばしてみたら、

幻想のヴェールの向こうに、

何かが見えるかもしれません。

あかちゃんを抱っこするのと、
同じ重さの荷物を抱えるのでは、
「重さ」の感覚がまるで違います。

特に、あかちゃんが抱っこされたがって
首っ玉にしがみついてくれるときは
まるで自分の一部になったように
軽々と運んで、どこまでも行けそうな気がします。

そんなふうに、誰かに甘えるときは、
「重みをかけないようにしよう」
なんて遠慮するよりも
相手の首にしがみついて、全体重を預けてしまったほうが
相手にとっては軽く感じられる、という場合も
あるんだろうと思います。

自分にとっては当たり前だけれど
人にとってはそうではない。
そのことに気がつかないために、
ほめ言葉を受け取れないことがあります。
相手がお世辞を言っているように聞こえるのですが
それは、お世辞ではありません。
貴方にとっては簡単にできることでも
誰もがそれをできるわけではないのです。

待ち時間と、残り時間。

人生はその２つのくりかえしみたいに思えます。

待ち時間に苛立ち、残り時間に焦り、

そんなふうに暮らしています。

ときには

人生全体を残り時間だと思っている人もいるし

人生全体を待ち時間のように感じている人もいます。

ならば

待ち時間を「残り時間だ」と思いかえてみたり

残り時間を「待ち時間かも」と思ってみたりすると

焦りや苛立ちが消えていくことも

あるのかもしれません。

「相手の弱さや欠点を知る」

ということは、

恋愛において絶大な力を持ちます。

相手の欠点を好きになるか、

好きになれないまでも、

許せたり受け止められたりしないかぎり、

それ以上距離を縮めることはできません。

自分の弱さや欠点にくわしい人は

他人のそれを許したり受けとめたりすることが、

上手であるようです。

ただ楽しいだけの恋は、

消えるときも簡単に吹き飛んでしまいますが、

心の襞をお互いにかぶせ併せるようにして

営まれる愛の交流は

簡単には消えたりしないものです。

２冊の本を向き合わせて、

１頁ずつかさねていくと

テープで留めたわけでもないのに、

２冊は両側から引っ張っても、離れなくなります。

何かを編み上げたり織り上げたりするとき、

その１目１目が進む様子は

いかにもささやかで、

ちいさなものなのだろうと思います。

人間は無意識に

自分と似たニオイのする人を嗅ぎつけて

近づいていくことがあります。

意識の上では何も相手のことを知らないようで

実は、自分と相似形の部分を

たくさん見つけ出しています。

そして、

意識にのぼらないところでみつけている相似形は

自分では「隠しておきたい部分」である場合が、

多いようです。

自分の気持ちを安心させたり満足させたりするために
探り出したり相手を動かそうとしたりするのは、
愛情ではありません。
愛情は、
相手の幸福を祈ったり、
相手が相手の人生を生ききることを願うものです。

人は誰でも、愛されたい、大事にされたい、と願います。
でも、それは
「努力すれば叶えられる」
というようなものではなくて
自然に降り落ちてくる、雨や雪みたいなものです。
どんなに雨乞いをしても降らないときは降らない、
そんな徹底して非情なものが、誰かから来る愛です。
だから、愛する人は
その不幸を引き受けながら、愛するしかありません。

自分を見失うほどの激しい恋は、たぶん

島から島へと泳いで海を渡るようなことです。

ずっと泳ぎ続けていたら、いつか溺れてしまいます。

恋から愛に変わることは

泳いで島に泳ぎ着くようなものかもしれません。

恋を諦めることは

いったん、もといた島に帰るようなものかもしれません。

ささやかな贈り物ならいくらでも受け取れますが、

お城や自家用飛行機をくれると言われたら

ちょっと困ってしまいます。

それを受け取るための力が必要だからです。

贈り物も、量や規模によっては

自分に受け取れるものの限界というのがあります。

誰でも子供の頃に比べれば

かなり大きな「受け取るキャパシティ」を

育ててきているはずです。

車をもらうことになったなら

駐車場を用意しなければなりませんし、

まずは免許も必要です。

誰かから本気の愛や人生や生活を受けとろうとするなら

それなりの心の準備が必要です。

心を込めた贈り物を前にしたら

それを贈るときにも、受けとるときにも

「受けとる力」のことを考える必要があります。

自分という花を咲かせる努力と
自分以外のものになろうとしてしまう努力とを
区別することは、なかなか難しいのです。

自分以外のものになるまい、と言いながら
自分という花を咲かせる努力から
逃げてしまう人がいます。
自分らしい自分になりたい！と言いながら
常に人と自分を比べたり
「自分らしさ」をお店で買おうとしたり
さらには
「自分らしさ」を、
誰かの愛で証明しようとしたりしてしまう人もいます。

寒い冬からあたたかい春の光へと
桜は一心に枝を伸ばし、芽を吹き、
そうして自分の姿を変えながら、花を咲かせます。
でも、桜は決して、
ひまわりにもあさがおにもなりはしません。

人は言葉で
人間関係をあれこれ分析するのが大好きですが
そんな言葉では捉えきれないものが、
人間関係の大部分を作り出しています。
さっきあれだけののしっていた相手と
手を繋いで一緒に帰っていく人がいます。
非の打ち所のない恋人がいるのに
何となく満足できなくて、さまよってしまう人もいます。

好きか、嫌いか。
愛しているか、愛していないか。
惚れたか、惚れないか。
あれだけ複雑な恋愛を私たちは生きるにもかかわらず
それを表現する言葉の貧弱なことは、
おそろしいほどです。
言葉の数しか気持ちに種類がないとするなら
たぶん、恋なんか生まれようがないのかもしれません。

相手の無気力さや意欲のなさに悩んでいる人は
実は、自分の中でエネルギーが
バクハツしかけている状態だったりします。

自分は十分意欲的なのに、相手がついてきてくれない！
というときは
自分自身の中にも、どこか、
おいてきぼりのところがあったりします。

相手と自分が描き出している風景が
自分自身の中にも「まるっと」ある場合が多いのです。
相手の姿は
「もうひとりの自分自身」
でもある、というわけです。

恋人の浮気をつい、疑ってしまう、という人がいます。
なかなか時間を作ってくれない恋人に、
怒りをぶつけてしまう人がいます。

「自分に自信がない」ことや
「自由な時間を埋められない」ということは
「自分の問題」です。
「浮気をする」とか「忙しい」とかは
「相手の問題」です。
自分の問題と相手の問題をごっちゃにして
全てを自分の問題にしたり
逆に、全てを相手の問題だと思ってしまったりすると
たぶん、その問題は、
上手くは解けないだろうと思います。

大人になればなるほど
自分の力だけで何かをする、ということ以上に
「人にも力を出させる」ことに価値があることが
わかってきます。
自分ひとりだけが勝ち上がればいいのは多分、
本当に若いうちだけなんじゃないかと思います。
たとえば、小中学生でさえ
部活やグループでの活動において
「自分さえ勝てばいい」
というわけではないことを感じ始めます。

味方って、敵ほどに目立たないのです。

誉め言葉と文句では

文句のほうが何千倍も際立って見えてきます。

褒め言葉は

「いわなくてもわかるだろう」とか

「いわれ慣れているだろう」とか

そんなふうに、ふだんは隠れてしまっています。

誰かが亡くなったとき、

人々は口を極めてその人を惜しんだり褒めたりしますが

それを全部、

生きている間にその人に言ってあげれば良かったのに！

と

しばしば、思います。

「自分は何のために生まれてきたのか？」とか
「何のために生きているのだろう？」とか
そんなふうに思ってしまうとき
人は、自分と世界の結びつきを
見失っているのだと思います。

「何のために？」と問いかける心を
納得させるのは不思議と
「貴方はこのことのために生まれてきたのだよ！」
という答えでは、ないようです。

多くのロードムービーで
「自分探し」に出かける人物たちは

「君はこういう人間だよ」

というダイレクトな回答をもらえることはありません。

でも、そこには「答えがない」かというと、

どうも、そうではないようです。

それはたぶん、世界とその人を結びつける、

何らかの結び目なのです。

人との強い結びつきや恋愛は、

その人と「世界」を結びつけます。

だからそれが解かれたとき、

人は世界と自分の接点を失って

自分が何のために生きているのか、瞬間的に

わからなくなってしまうのかもしれません。

非常に不可解なことですが、

「自分は浮気をするかもしれない」

という疑いを持っている人、

あるいは、実際に自分でも浮気をしている人は、

相手を過剰に疑ったりします。

自分の中に秘められた衝動を、

相手の姿に映し見てしまっているのです。

そんな、自分自身の中にある

「隠された望み」を発見したとき、

相手が今までとは違う姿で見えてきたりします。

恋愛で「犯人捜し」をしてしまう人がいます。

どちらが先に言ったのか、とか

誰のせいでこうなったのか、とか、

相手にはこうする責任があるはずだ、とか

自分にも権利がある、とか、

まるで裁判みたいです。

そんなふうに、恋愛という柔らかいものを、

論理や正しさというナイフで切り刻み続けていると

いつか、自分自身や相手を
傷つけてしまうことになります。
「心」が担うべき主導権がいつのまにか
論理や正しさという奇妙なナイフに奪われて
それで、すべてがめちゃくちゃになってしまうのです。

本来の主人である「心」が主導権を取り返しても、
ナイフがなくなってしまうわけではありません。
むしろ、もっと良い方法でナイフを使えます。

自分の心にあるものが、風景を作り出しています。
お店に行って、探し物を見つけたとき
その商品は周囲から浮かび上がって見えます。

関心があること、評価しているもの、
愛している人、自分と繋がりがあると感じられるもの。
それらのものは、
無色の風景の中に
際立ったカラーをもって浮き上がります。
そんなふうに「浮き上がったもの」たちが
構成している風景がすなわち
「自分の住む世界」です。

誰かに出会ったとき、恋をしたとき、
この「住む世界」のちがいに気づいては
おどろいたり、悩んだりすることになります。
そして、「自分の住む世界」の姿が
だんだんに変わっていきます。

人間は空想の世界に棲んでいて
自分もいきものだ、ということをどこか
忘れているところがあるような気がします。
住む場所も、移動手段も、正義や道徳なども
人間の身体が本来持っている機能とは
およそかけ離れています。
ですから、ときどきそうした
「頭脳」が作り出した世界の外に出てしまったとき
自分の「いきもの」の部分におどろかされたりします。

恋をしたとき、そんな戸惑いを感じます。

何かを強烈に「ほしい！」と思ったとき

自分の理性の枠を、

自分の行動が超えてしまうことがあります。

そういうとき

「本来の自分はこうではない」

と感じ、そう言い訳をしたくなったりしますが

恋の激情に飲まれたり、

何かを貪欲に追いかけたりするのは

それこそが歴とした、自分自身なのだと思うのです。

恋は絶対的に自分だけのものです。
人の恋と比べることもできなければ
言葉で正確に他人に説明することもできません。
なのにどうして世の中はこんなにも
恋のノウハウだの、恋のアンケートだの、
恋の平均値だの偏差値だのにあふれているのでしょう。

そんなおかしなものに恋を照らし合わせてしまうために
悩まなくてもいいことに悩んだり
欲しくもないものが欲しくなったりしてしまう人が
たくさんいるような気がします。

昔の刑事ドラマに、
「犯人に天丼（またはカツ丼）をおごってやって
優しくすると、犯人がその優しさに涙して、
罪を告白する」
という、有名なシチュエーションがありますが、
ここでは、本来敵同士であるはずの、
容疑者 - 刑事の枠組みを越えて心情が流れたところに、
真実が表れる
ということが起こっています。

そんなふうに、相手の正面に座るのではなく
ちょっと斜めに、あるいは隣に座ってみると、
意外な発見があります。
「相手の身になって考える」ことは、
ラブラブの恋愛の場であってさえも、
かなり難しいことなのです。

恋には全部、意味があります。
その人がその恋を通して、
学ばなければならないことがあります。
だから人は恋をします。

ですが、「何も学ばない」という選択も可能です。
なぜなら、恋の意味を学ぶということは
恋を失うことよりも、はるかに苦しいことだからです。
多くの人が、それをさけて通ります。
引き受ける覚悟をする人は、わずかです。

一見、相手を無視しているような乱暴な勢いと意志が、
かえって、相手を納得させることがあります。
あやふやに、結論を相手に決めさせようとするよりも
全てのリスクを負って自ら決断することが
物事をぐいっと前進させる力を持つことがあります。

「相手のために」「相手の心に沿うように」
という態度はときどき
あとになって「決めたのは貴方だよね」と、
相手に責任を押しつけたい気持ちに、
毒されていることもあるのです。

ギリシャ神話はしばしば
悲しい物語のあとで、
悲劇にあった者たちを憐れんだ神様が
それを空に投げ上げて、星座となった、と結ばれます。

星は、希望を意味しています。
過去に抱いた痛みを空に投げ上げたとき、
すでに、未来の新しい希望が
輝き始めているのかもしれません。

男性でも女性でもみんな、
「愛されたい」と願っています。
ですから一番人気があるのは
愛する力を持った人です。
「愛されたい、誰か私を愛して」とだけ思っている人は
はたして、魅力的でしょうか。
そんな人物は、
ドラマや映画のヒロインには出てきません。
魅力的なのは、愛する人です。

愛することは、自己否定したままでもできます。
「自分を好きになれないから、
人を愛することができない」
ということはありません。
誰かを本当に愛したとき、
人は、自分の自己否定にも根源的な疑いを抱きます。
そこからしか、スタートできません。

たとえそれがお世辞だったとしても
その人はそのお世辞を言うことによって
こちらを楽しませようとしたり、
くつろがせようとしたり
あるいは、
自分自身を守ろうとしたりしているのかもしれません。
そんな、拙い思いやりや弱さを、
敢えて受けとってあげるのも
ひとつの「優しさ」ではないかと思います。

たとえそれがお世辞だったとしても
それを暴いてみたところで
相手がウソをつかなくなるわけでもなければ
自分が楽しくなるわけでもないのです。

どこかが引っかかって出てこない引き出しがあります。
ごそごそやっているうちに、やがて
「なんだ！これが引っかかってあかなかったのか！」
と、やっとわかったりします。

ちょっとしたものがずっとつっかえていて
その引き出しは長いあいだ、開かなかったようなのです。
つっかえている何かを取り除くには
下の引き出しを抜いて裏から手をいれたり、
引き出し自体をうまく動かして
抜いてしまったりすることが必要です。
これは、あかない引き出しを
何度もガタガタ引っ張り続けるのとは
全く違った作業です。

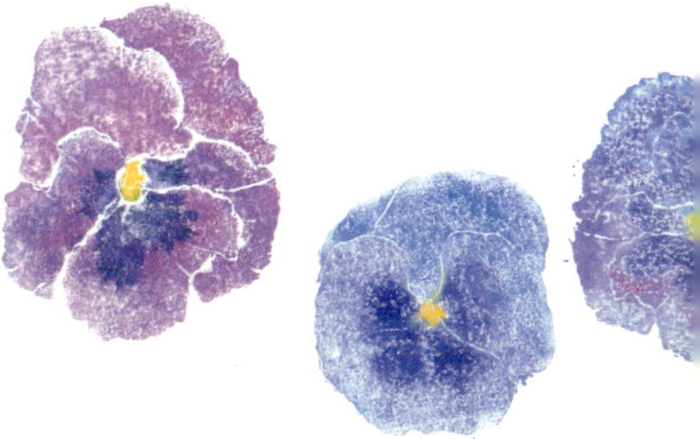

高圧的な態度をとる人が、
本当はなにかに怯えていたり
プライドの高い人が、
とても自信がない人だったり
自分を嫌っているはずの人が、
実は深く愛してくれていたり
こちらが忘れてしまっていた約束を、
あちらは気にしてくれていたり。

人間は、他者の心の中をあれこれ想像しますが
多分、その半分も
当たっていないのではないかと思います。

なにもかも、自分の力で動かせるはずだ、なんて、
誰も思っていないはずです。
なのに「どうすれば上手くいくのか」というノウハウが
必ずどこかにあると信じている人が多いようです。

どうやったってうまくいかないこともあれば
なにもしていないのにうまくいくこともあります。
そんな、因果関係を越えた「結果」を
正面から受け止める力が
人を愛するときには、不可欠です。

なぜなら、
「自分が正しく行動しさえすれば、
期待通りになるはずだ」
という前提に縛られる人は
自分の期待を相手に全面的に、
押しつけてしまっているからです。

自分の感情も、他人の感情も、「一色」ではありません。
愛しながら怒っていたり、
笑いながら悲しんでいたり、
落ち込みながら勇気をふるっていたり、
ケンカしながら楽しんでいたりします。

子どものときはそういうことがわからないので
すぐに「絶交」とか、強烈な言葉を好んで使いますが、
大人になってみると「絶交」なんて
なかなか簡単にはできないことが解ります。

キリスト教徒でなくとも、
聖堂の中に入ったり、聖像の前に立ったりするとき
自然と、頭を垂れたくなるような、
敬虔な気持ちが胸に湧きます。
仏教や神道をあつく信仰しているわけでなくとも
神社仏閣では厳かな気持ちに包まれます。

恋人からもらったものや、恋人の持ち物に触れるとき
あの、聖なる場所に感じたような
特別な、犯しがたいような感触を覚えます。
強い恋愛感情には、どこか、
「聖なるもの」が含まれているようです。

部分を積み上げていったところに
全体が生まれるのだから
部分をすべて理解していれば
全体を理解したことと同じ、になるはずです。
リクツから言えばそうなのですが、
実際は、そうでもないようです。
「部分」はそれぞれカンペキなのに
それらを組み立ててみたら何かオカシイ
ということもあります。
「部分」それぞれは一長一短でも
組み上げてみるとなんだか上手く動いた！
ということもあります。

本当の愛情がないとできないこと、というのが
世の中にはたくさんあると思うのです。
じっと見守ったり、
相手が追いつくまで立ち止まってあげたり、
相手の気持ちをくみとったり、
自分の結論を少し変えてあげたり。

愛し愛されるということは、
お互いの足並みがぴったり合っているときよりも
足並みがずれたときのほうが、より
その威力を発揮するものなのかもしれません。

「懇意にする」などの「懇」は、

まこと

まごころ

という意味を持った字です。

この「懇」の、上の部分には

「ふみとどまる」という意味があるそうです。

時間の流れの中に人もものも流れ去ってしまい、
人々は驚くほど簡単に、
少し前に起こったことを忘れてしまいます。
目の前の変化に心を奪われて
いかに早く走り抜けるか、ばかりに
日々汲々としているように見えることもあります。

「まごころ」が「ふみとどまる心」だということは
なるほど、と、納得がゆくような気がします。
何もかもが先を急いでいる中で、
敢えて立ち止まるには
大きな勇気を必要とします。

「なんとなくもやもやした不安を吹っ切れない」
「迷いの中にあって先に進めない」
と感じているとき、
過去を切り離すことができていないのではなく
過去を認めることができていないのかもしれません。

目をつぶって置き去りにしようとすればするほど
過去に取りすがられてしまうのです。
ふみとどまって過去のほうを振り返れば
ちゃんと話をして、解り合って
自然に、恐怖心や自信のなさなどから
卒業できることもあります。

「懇」という文字には

「ふみとどまる」が含まれていますが

「愛」には、

「ふり向き見る」という意味が

含まれているのだそうです。

人が人をほんとうに大切にするとき、

ちょっとだけ、時間は止まるのかもしれません。

「ふり向いてはいけないよ」と
忠告される物語があります。
イザナギとイザナミの神話や
オルフェウスとエウリディーチェの神話が有名です。
後ろをふり向いてはいけないよ
と言われた主人公達は
もう少しで迷路の出口にたどり着くというところで
思わず、ふり向いて、
見てはならないものを見てしまいます。
そして、もう少しで取り戻せそうだった大切なものを
ふたたび、失ってしまいます。

「見てはならないもの」は、
本当に「見てはならないもの」
だったのでしょうか。
もしかするとそれは、本当は
「見なければならないもの」
だったのではないでしょうか。

負けないことより、
争いが終わることの方が重要、という場面があります。
ずっと戦い続けていた、
その勝負の意味がいきなり消え失せて
どちらが勝つでもなく闘いが終わる
ということがあります。
終わったところに現出するのは
徒労感でも、虚しさでもなく
本当に大切なものを見いだす喜びと
あの闘いがなければわからなかった、
調和のありがたさです。

これはべつの次元での勝利です。
敗者のいない勝利、
戦いという試みからの勝利です。

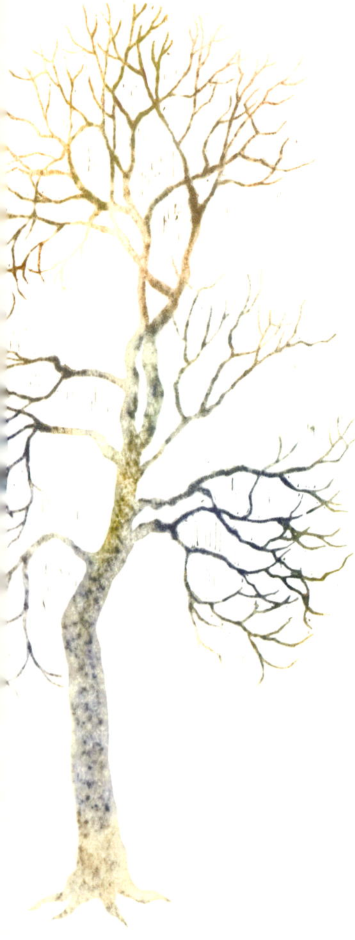

昔、良寛上人は

「お金を拾うのは本当にうれしいものだ」

と誰かが言うのを聞いて、

自分で持っていたお金を草むらに投げて、

それを拾ってみました。

でもぜんぜん楽しくないので

何度も試してみていたところ、

お金がどこかに転がっていって、

見えなくなってしまいました。

上人はあわててそこらを探し回り、

やっとのことで、また見つけ出しました。

そのとき、

とてもほっとしてうれしい気持ちになったので

「ああ、このことか！」と喜んだそうです。

一見、ばかばかしい話のようですが

私たちが感じる「喜び」には、どうも、

そんな構造がいつも、隠されている気がします。

目は、見られるためではなく、

見るためにある器官です。

多分、一番うつくしい目というのは

何かを一生懸命に見つめたり、

見いだそうとしたりしている目だと思います。

受け入れる、ということは

「相手が自覚していないいくつかの部分も、承認する」

という含意があるような気がします。

自分では見えない、自分の背中や頭の後ろなんかも、

相手からは、よく見えるわけです。

同じように、こちらから相手を見るときも

姿だけではなく、言動や考え方、価値観まで

こちらからしか見えない部分はたくさんあります。

サスペンスドラマや映画では、しばしば
終わりの方に近づくほど、
回想シーンや、遡って考える場面が多く出てきます。

わけもわからないまま、進んでいった先に、
ある結果なり、結論なりが置かれていて
過去の原因や動機、関係者の真意が判明します。

未来に向かえば向かうほど、
過去に起こったことの意味がどんどん、
ほぐれていきます。

いつかまたね、っていうのは

そんなにあやふやなことでもありません。

約束でも拘束でもありませんが、

ウソでもありません。

誰かに「好きだ」と言ってもらえるくらい
うれしいことってないと思います。
たとえ、自分が相手に対して
なんら、特別な気持ちを持っていなかったとしても、
誰かが自分を好きでいてくれる、ということは、
喜びでもあり、自信にもなります。

誰もが誰かの好意に支えられて
生きているのだと思います。
相手に「好きだ」と伝えたなら
それだけで、
強力な「支え」を相手に贈れたのです。

もうみつからないかもしれない

と、諦めかけた頃に、それが見つかります。

もうだめかもしれない

と感じ始め、なかば希望を失っているのに

なぜか、それを続けているところに

とつぜん光が射し込みます。

ずっと単調に続いていくと思えた道の途中に

きっかけや、変化や、本音の出現や、出会いがあります。

発見があり、動揺が起こり、

なにかが羽化します。

人は、失うことを恐れます。
どんなものでもそうです。
穴があいて履けなくなった靴でも
取っ手がとれて使えなくなった鞄でも
それを「捨てる」となると
恐怖に似た微かなためらいが、心をよぎります。

全て形あるものは、いつか失われます。
そして、また、新たに形を得ます。
ものを「変化しない」と仮定すると
それは失われたり、取得されたりしますが
「変化するものだ」という前提に立てば
生まれたり、成長したり、死んだり、
またよみがえったりするものだ
と感じることができます。

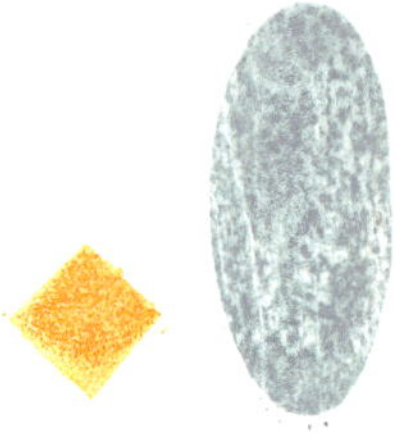

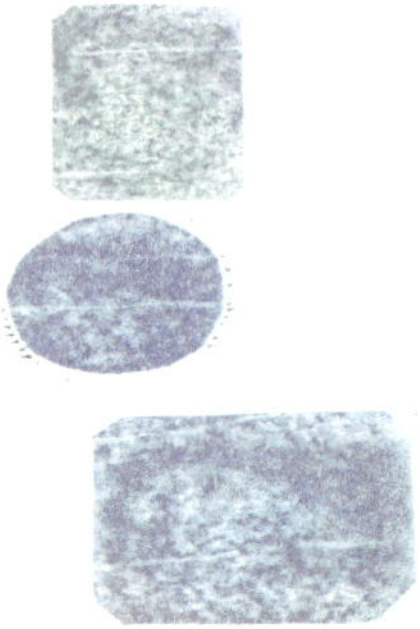

冒険すれば危険で、家にいれば安全
と、だれもが無意識に思っています。
でも本当にそうでしょうか。
実際は、そうでもないケースも多々、あります。
動かなかったばかりに危険にさらされることもあれば
動いたおかげで助かった人もたくさんいます。

行動することが危険なのか、
行動しないことが危険なのか。
人間関係において「自分の身を守ろう」として
人間関係そのものを守れなかった、という人もいます。
なにがほんとうの「危険」なのか、
その人はきっと、取り違えてしまったのです。

依存は、「相手は誰でもいい」のです。
これがだめならあれ、というふうに、
依存は、取り替えが効くのです。
誰かにいてもらわなければ立てない、
というのは、イコール、
誰でもいいからいて欲しい、ということです。

これは、浮気と構造が似ています。
「たったひとつこれでなければいけない、
というわけではない」
という点が、同じなのです。

たとえば、「宝くじが当たった」ことがわかったら、

窓口まで行って、

くじとお金を替えてもらわなければなりません。

何か情報を得たら、

それにもとづいて、動かなければなりません。

大切な人に語りかけようとするとき
人は言葉を選びます。
その人が孤独感の中にあったり、
悲しんでいたりするとき、
さらに、慎重に言葉を選びます。

薄氷を踏むような思いで言葉を選ぶ、
その必死の努力が相手につたわったとき
すでに、どの言葉が選ばれたのか、は
あまり意味を持たなくなることもあります。

相手の心になんとか届いてくれるように
必死に相手の気持ちを想像して言葉を選んだ、
その断崖に立つような絶望的な気迫を
相手に伝えてくれるのは
誰の受け売りでもない、
自分の言葉だけなんだろうと思います。

今この瞬間だけ、保たせるには、

セロテープでちょっと、とめておけばいいと思います。

でも、長期的に使い続けようと思うなら

根本的に見直して、

徹底的に修理するか、買い換えるか、を、

決めなければなりません。

「スイッチを入れれば灯りがつく」
という因果関係ばかりに気を取られていると
コンセントが抜けていることに気がつきません。
何度スイッチをぱちぱちやってもダメで
コンセントをどんなに抜いたり差したりしても
効果がない場合
今度は、ブレーカーを見に行ったり
電力会社に電話したりする必要があります。

視野をどんどん大きくしていくとき、
小さな因果関係だけを見て行動することの

意味のなさがわかります。

スイッチをパチパチやっても埒が明かないなら

スイッチをパチパチやることをいったん、

やめなければなりません。

どういうものか、人はそれを、ときどき

「怖い」と思うことがあります。

慣れた操作をやめることが恐ろしく感じられるのです。

もちろん、怖がる必要はないのです。

視野を広げる時、可能性が見えてきます。

選択肢が増えて、勇気が出てきます。

たくさんの力をもらえるのは

自分と相手の間に、たくさんの相違点があるからです。

もし「気が合う」ことが

「相違点がない」ことだとするなら

「気が合う」のは「退屈」と同じかもしれません。

高低差があるからこそ水が流れます。

水が流れるからこそ、水車が回ります。

気圧に高低の差があるからこそ、

風が吹き、雲が生まれます。

お互いの違いや摩擦の中から

命ある何事かが生み出されています。

相手のプライドと話をしてはいけません。

相手の過去や罪と話をしてはいけません。

生身の人間であるその人の「心」と話をするとき

過去の傷も、問題も、

すべてコミュニケーションの手段に早変わりします。

これは、自分自身と話し合うときにも

あてはまると思います。

愛や恋に「一般的なもの」などないのです。
全ては個別具体的で、ユニークです。
誰も経験したことがない恋を、
だれもがするのです。

「普通の恋がしたい」
「みんなと同じように幸せになりたい」
というのは、まずスタートラインが間違っています。
愛や恋はすべて、
ほかの愛や恋と、違っています。

「普通」の「みんなと同じ」ようなのなんか、
ないのです。

恋をすると、たいていの人が
もっと素敵になりたい
相手の望むような自分になりたい
と考えます。
相手の趣味にも興味を持つようになりますし、
相手の見ている世界を理解したいと考えます。
一生懸命、自分を変えようと
自分から努力するようになる人が多いと思います。

恋くらい、人を「変わろう」と決意させる
強いドライブフォースも
少ないだろうと思います。
プライドの傷や悔しさ、憧れ、怒りなども
人を突き動かしますが
恋は、そういうものよりも
遙かに強い力を持つことがあります。

休み時間にちゃんと休む
って、けっこう難しいことです。
忙しいときは特に、
ハードな昼間のモードをひきずったまま
緊張した状態でベッドに入って眠れない
ということもしばしばあります。

リラックスするにもコツが要るのです。
家族の愛や、恋人の支えを
「ちゃんとつかう」
のも、コツが要ります。

恋人や家族がいて、

その人達は貴方を気遣っているのに

なぜかその心遣いを、

ちゃんとサポートとして「使って」いない

という人も多いようです。

サポート側に問題がある場合もありますが、

上記のように

「せっかく守ってくれるものがあっても、

　身体と頭と心がそれを受けとれていない」

というケースもあるわけです。

聞きにくいことでも聞いて下さい！

といわれたら、バカ正直に聞いてみましょう。

少しくらい、いやな顔をされてもかまいません。

「言ってくれなくちゃわからない」

対

「聞いてくれないと教えられない」。

こんな「お見合い状態」が、ボトルネックになって

うまくいくはずのことが

なかなかうまくいかないこともあります。

人の心は言い出しにくいことでいっぱいです。

でも、黙っていて誤解したり思いこんだりするより

思い切って一歩踏み込んだほうがいいのです。

人生や運命は、

自動販売機のような構造にはなっていません。

自動販売機なら、お金を入れれば

ほぼ確実にジュースが出てきますが

人生や運命という機械には、

いくらお金を入れても、スイッチを押しても

なんにも出てこないことがたびたびあります。

そうかと思えば、数日経ってだれかが、

１リットルのジュースの瓶を、

プレゼントしてくれたりするのです。

投入したお金と、１リットルのジュースの因果関係は

だれにも証明できませんが

でもやっぱり、

どこか遠くでつながっているのだろうな、と思えます。

相手をじっと見つめても「見えない」ときは、
自分自身を見つめてみると、
相手の姿が見えてきたりします。
逆に、自分の事を考えてどうしてもわからないときは、
他者を見つめてみると、
自分が見えてきたりするものです。

恋に悩んでいるときに
友達の恋愛相談に乗ってあげたら
自分の恋にも解決策が見えてくる、なんて
けっこう、よくあることなのです。

自信がないとか

まだその時期じゃないかもしれないとか

自分には実力が伴わないとか

「やらない」理由なら

いつだってたくさん思いつくものです。

一方、「やる」理由はなかなか発見できませんし

発見できたとしても

人に言うのが恥ずかしかったりします。

南の島にはスコールがつきものです。

リゾートのにわか雨を理由に、

バカンスの計画をとりやめる人はいません。

でも、人生では時々、

それに似た愚を犯してしまうことがあります。

なにかにトライするかどうか迷ったときは、

天気の悪さと南の島のスコールを取り違えないよう、

気をつける必要があります。

「完全にバランスのとれている人」というのは
なかなかいないものです。
みんなたいてい、なにかが過剰で、
なにかが足りません。
バランスのとれている人は、
その「バランスがとれている」ことこそが、
他人と比べて、少々過剰です。
バランスが悪いのがフツウなわけですから
「完全にバランスがいい」なんて、
ちょっといきすぎているわけで、
いわば、それもひとつの偏った「個性」なのです。

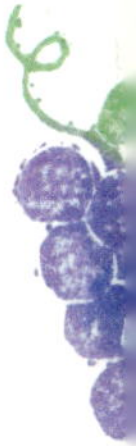

元気で明るい人が好きな人もいれば

奥ゆかしくておとなしい人が好きな人もいます。

「こういう条件がなければ、誰からも好かれない」

という考え方は、たぶん、間違っています。

大事な人が苦しんでいるのではないか？と思うと、
人は不安になります。
その不安を解消するためだけに、
大事な人に「ああしろ、こうしろ」と言うのは、
単なるワガママなのです。
本当の意味で大事な人を思いやっているのではなく、
自分を満足させるためだけにやっているのです。
こうしたワガママな「助言」を真に受けてしまうと、
いつの間にか、深く傷つけられてしまいます。

誰かを本当に心配するということは、
とても難しいことなのです。

「最終的にどうなるか」を想像して
「自分が今どうできるか」を逆算することは
なかなか難しいですし、
わりと誰もやらないようです。

なんだかんだ言いながら、
人はとても近視眼的です。
物事の表面だけ、あるいは次の一手だけ、
に心を奪われ
肝心の「最終的にどうなればいいか」には
まるで無頓着だったりします。

たとえば、

入学の最終地点は卒業ですし、

就職の最終地点は退職です。

結婚の最終地点は、

相手を看取ること、或いは看取られることです。

そんなのは遠すぎて考えるだけ意味がない、

という意見も、まあ、正しいとは思います。

でも、「次の一手」が見つからなかったり

どうしても決断が出来なかったりするときは

徹底的に「最終地点」について考えてみるのも、

助けになるのではないかと思います。

片思いだって、恋は恋です。

恥ずかしがることはありませんし

可哀想なんかではありません。

もちろん、最終的に思いが届かなかったとしたら

これは大変悲しいことではあります。

でも、愚かなことでもありませんし

叶った恋と比べて、劣っているわけでもありません。

長いこと片思いを続けている人は

自分を、勇気のない、

だめな人間だと思ってしまうこともあるようです。

気持ちを伝えられないのはたしかに、

拒否されたときの痛みを怖れているせいかもしれません。

でもそれ以外にも、たぶん、理由があります。

片思いを続ける人は、
自分が気持ちを伝えたとき、
もし、相手が自分に好意を抱いていなければ
相手が困るだろうな、と思っていることが多いのです。
人間は自分を基準に他者の気持ちを想像します。
片思いを続けている人は、おそらく
自分が思わぬ誰かに告白されたときに、
その相手の気持ちを大切にして、
思い悩むような人なのです。
相手の誠実さを信じる「気高さ」が、
そこには、あります。

人間はなんでも選べるようでいて
実は、とてもわずかなことしか
選べないのかもしれません。
であれば、時間を無駄にしないということは
時間を細切れにして
あらゆることを詰め込もうとすることではなく、
限られた時間をめいっぱいに使ってなにかに注ぐ、
ということなのかもしれません。

外の世界は、誰にとっても
とても「こわい場所」です。
全く違った価値観の持ち主がいる場所に出て行くことを
「こわい」と感じることは、
たぶん、とても大切なことです。

そこを「こわい場所」だ、と知った上で、
敢えてその「こわい」世界に
どうやって自分の力で入って行くかが、
実は、恋愛でも、ひとつの焦点になっているのです。

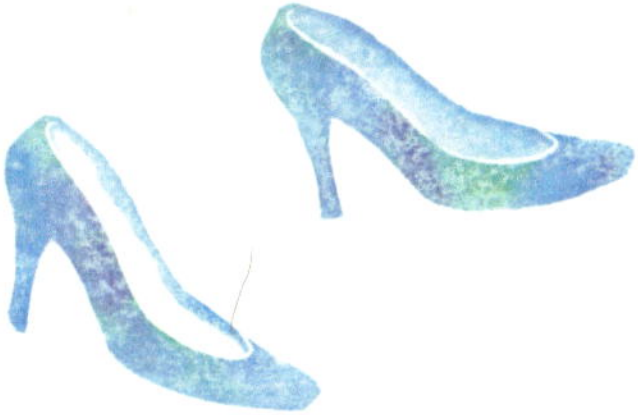

だれでも、自分の心の中に
「縦割り行政」を行っているものです。
これは別に悪いことではありません。
役割分担をし、きれいに分業するのは
時に、とても効率がいいのです。

でもそれを時々
考え直さなければならなくなることがあります。
分業の境目は、状況の変化に応じて
だんだんに変えていかなければならないのです。
組織が悪いのではなく、
硬直的な組織が悪いのです。

「きれいに説明できる」ということは
理由をあれこれ、他人向けに考えている、
ということです。
「説得しなければ！」
と思っているということは、どこか
「納得してもらえないんじゃないかな」
という恐れを抱いているということです。
つまりは
納得してもらえなくてもおかしくないような
「ムリ」がある、
ということかもしれません。

「きれいに説明ができなくても、
どうもそうしたほうがいいと思える」というときのほうが、
むしろ、信用できるのかもしれません。

蓋《ふた》というのは
塞ぐためのものでもありますが
開けるためのものでもあります。

もし、永遠に開けるつもりがないなら
塗り固めてしまえばいいわけです。
扉をつけたり蓋をつけたりするのは
閉めたいからだけではなく
開けたいからでもあるはずです。

新しい傷を避けるために
止まったままの時間にしがみついてしまう人がいます。
「昔の恋が忘れられない」と言いながら
現在に恋が始まらないことを憂えながらも
無意識に、新しい恋を失うことを怖れて
これ以上失われることはない古い恋の世界に
小さな安心を求めて、住みつづけるのです。

自分を守ろうとして、自分を傷つける。
恋愛には本当にしばしば
こうした、不思議なカラクリが出現します。

１８０度変える

というのは

割と簡単で

更に言えば、すぐにもとに戻ってしまうのだそうです。

本当にむずかしいのは

少しだけ変えること

なのだそうです。

「手垢の付いた言葉」

という言い方があります。

愛とか

夢とか

きずなとか

つながりとか

みんな、本来、

するどい意味をたずさえていたはずなのに、

とてもたくさんの場でながいこと使われすぎてしまって

雪だるまのようにいろいろなイメージが

まとわりついてふくれあがり

いまでは、それを言ったときに

相手がなにを受け取ってくれるか、

見当がつかない感じがします。

ですから、自分の気持ちを本当に正確に伝えたいときは

手垢のつかない、誰も言ったことがないような言い方を

苦心してでも、選びたくなります。

「たくさん手元にあります」と言ってしまったら

もうこれ以上手に入らないような気がして

それでいつも、けっこう潤沢にあっても

「全然足りません」と主張してしまうことがあります。

そう言っているうちに、

それが自分でも本当のような気がしてきて、

どんなにたくさん手に入っても

「これでは全然足りないのだ」と、

思いこんでしまうこともあります。

さらに

「もっと持っている人もいる」

「いつ全部なくなるかわからない」などと想像して

「足りない」妄想を強化してしまうことさえあります。

こうなってしまうと、もう

なにがいくらあっても、ぜんぜん足りません。

不安になると、人は安定したくなります。

きまっていないものまで、きめたくなります。

極端から極端に話を振り回し

自分で自分をだましてしまったりします。

人を自暴自棄にするのは

もしかしたら、絶望ではなく、

「事態や未来が見えない」

という強い不安感の方なのかもしれません。

安定のためだけの結論を保留し、

不安定で全体像の見えない状況を

ありのままに認めることは

非常に難しいことです。

でも、この難しいことに取り組んだ人だけが

最終的に、本当に

「愛する」ことができるのだろうと思います。

真正面から見つめ合って「せーの！」で恋に落ちる
ということも、
もしかしたらたまにはあるのかもしれませんが
多数派ではないと思います。
たいていは、どちらかがどちらかの横顔を見つめて
そこから、恋が静かに始まります。

その横顔は、何かを真剣に、
あるいは無心に見つめている顔だと思います。
人目を気にしたメタリックな笑顔や
自分を守るために作られた表情では
ないだろうと思います。

「おまけ」の使い方

この本には、ささやかなオマケ機能があります。
ページの下の方にページ番号が記されていますが、その横にちいさな模様があるのにお気づきでしょうか。
この模様は、

♥
♪
✷

と、三種類あります。
この模様にそれぞれ、選択肢を当てはめて、ぱっと開いたページの模様によって「占い」をすることができるのです。

例えばこんな具合です。

例１：恋人にメールしようかどうか、迷っているとき。
すぐする→♥
相手から来るまで待つ→♪
とりあえず今はまだしない→✷

例２：今日のデートはどうしようか、迷っているとき。
外に出る→❤
おうちデートにする→♪
相手に完全に任せる→✴

イエス、ノー、保留の三択で迷っているとき、便利です。
恋の道の小さな曲がり角で、ちょっと使ってみると面白いと思います。

ちなみに、ここで「答え」が出てはじめて、自分が本当はなにを望んでいたのか、わかることもあるかもしれません。つまり、焼肉とパスタと和食の三択で占ってみて、「パスタ」と出たとき初めて「どうしてもパスタはイヤだ！」とわかったりするわけです。
恋愛での占いは、ある種の結果を「受け入れられない」という自分を発見する、というところにも利用価値があります。
「恋人と別れた方がいいでしょうか？」と聞いて、「だめだね、上手くいかないから別れなさい」と言われて、そこではじめて、「やだ！どうしても別れない！」という自分の本音に気づくようなことがあるわけです。
それもひとつの、「占いの使い方」だと思います。

たくさんの幸運が訪れることをお祈りしています！

薔薇色の鳥の本

2012年3月8日　初版第1刷発行

著者　石井ゆかり
絵　梶野沙羅
装丁・本文デザイン　淡海季史子
編集　鈎木沢美奈子

発行元：パイ インターナショナル
〒170-0005 東京都豊島区南大塚2-32-4
TEL 03-3944-3981　FAX 03-5395-4830
sales@pie.co.jp

印刷・製本：株式会社アイワード
制作協力：PIE BOOKS

ISBN978-4-7562-4226-6 C0070
Printed in Japan

内容に関するお問い合わせは下記までご連絡ください。
PIE BOOKS　TEL：03-5395-4819